A CURA
DO INTERIOR

RAQUEL ARAÚJO SILVA VENTURA

A cura do interior
Uma jornada em busca do amor e do sentido da vida

EDITORA
SANTUÁRIO

Direção Editorial: Pe. Fábio Evaristo Resende Silva, C.Ss.R.
Coordenação Editorial: Ana Lúcia de Castro Leite
Copidesque: Elizabeth dos Santos Reis
Revisão: Ana Lúcia de Castro Leite
Diagramação e capa: Bruno Olivoto
Ilustrações internas: Mauricio Pereira

**Dados Internacionais de Catalogação na Publicação (CIP)
(Câmara Brasileira do Livro, SP, Brasil)**

Ventura, Raquel Araújo Silva
    A cura do interior: uma jornada em busca do amor e do sentido da vida / Raquel Araújo Silva Ventura. – Aparecida, SP: Editora Santuário, 2002.

    Bibliografia
    ISBN 85-7200-823-3

    1. Amor 2. Autoaceitação 3. Autoconsciência 4. Conduta de vida 5. Cura mental 6. Felicidade I. Título. II. Série.

02-4656   CDD-158

Índices para catálogo sistemático:

1. Cura interior: Psicologia aplicada 158

8ª impressão

Todos os direitos reservados à **EDITORA SANTUÁRIO** – 2023

Rua Pe. Claro Monteiro, 342 – 12570-045 – Aparecida-SP
Tel.: 12 3104-2000 – Televendas: 0800 - 016 00 04
www.editorasantuario.com.br
vendas@editorasantuario.com.br

Dedicando
Ofereço este simples trabalho
à minha Comunidade Raízes de Jessé,
ao meu pai, Haroldo,
minha mãe, Terezinha,
meus avós, tios, irmãos,
Leonardo, Quincas, Flávio, Silvana,
Sirlene, e meus sobrinhos Mariana e Thales.
A meu querido Adriano
e a você que está prestigiando este trabalho.

Abraçando
Com carinho o Pe. Paulo e a família Basptestim, de Conselheiro Pena, pelo acolhimento durante a escrita deste livro. Também a Maria Lira e Dom Cipriano Chagas, da Comunidade Emanuel, por acolherem este trabalho. Ao Valdinei, pela dedicação e paciência na digitação.

Agradecendo
Ao meu Pai do Céu, à minha família, aos que me ajudaram, amigos, parentes, pacientes. Lembro-me com carinho dos amigos de Vitória (ES): César, Helenice, Cláudia e Rosângela. Minha amada avó Maria, minha tia Irmã Suzana, minha amiga e "irmã" Nericléa e ao meu querido e amado Adriano.

Sumário

Palavra do padre Jonas Abib | 9
Introdução | 11
I. O Dom da vida | 19
II. Testemunhando mudanças e descobertas | 27
III. Aprendendo com Gabriela | 33
IV. Conhecendo o psicológico | 41
   a) Consciente e inconsciente | 42
   b) Consciente/inconsciente e funções cerebrais | 44
   c) A formação do trauma no inconsciente | 49
   d) Hereditariedade e a dimensão psicológica | 52
   e) Superando os problemas psicológicos | 54
   f) Reconhecendo e assumindo a forma de transmitir amor | 63
V. Conhecendo o noológico | 71
   a) O sentido da vida | 78
   b) Vencendo os problemas noológicos | 78
VI. Conhecendo o biológico | 81
Finalizando | 83
Bibliografia | 85

Nada que é feito por amor é pequeno.
(Santa Teresinha)

Palavra do padre Jonas Abib

"Eu vim para que todos tenham vida. Que todos tenham vida plenamente." (Jo 10,10)

Jesus, o Filho de Deus, veio para que todos tenham vida. Mas, não somente vida. Ele veio para que todos tenham vida plenamente. Ele quer qualidade de vida. Ele quer vida de filhos de Deus. Enquanto os filhos de seu Pai não tiverem essa qualidade de vida, Ele não estará satisfeito... Ele não quer essa qualidade de vida para uns poucos privilegiados, não. Ele a quer para todos: "que todos tenham vida plenamente".

Bem-aventurados aqueles que investem a vida nessa missão. Bem-aventurados aqueles que fazem disso sua profissão.

A Raquel está na lista desses bem-aventurados.

Ela mesma define a Psicologia como "a ciência da ajuda: uma grande ciência".

Este trabalho, um frasco de perfume tão pequeno, mas tão precioso, une ciência e fé, duas coisas inseparáveis – pois o homem criado por Deus é, antes de tudo, espírito –, mas que tanta gente separou e insiste em manter separadas: daí a consequência de tanto estrago na ciência e, em especial, tanto estrago na "ciência da ajuda", que é a Psicologia.

Todos nós necessitamos da "ciência da ajuda: esta grande ciência". Muitos foram vocacionados a fazer dela sua missão. Que ninguém separe o inseparável: a criatura humana é espírito, alma e corpo. Aqui também pode-se dizer: "o que Deus uniu o homem não separe".

Deus abençoe você, Raquel! Deus abençoe todos os beneficiados por seu trabalho.

Pe. Jonas Abib
Comunidade Canção Nova

Introdução

Eu sou o alfa e o ômega, o começo e o fim. A quem tem sede eu darei gratuitamente de beber da fonte da água viva. O vencedor herdará tudo isso: e eu serei seu Deus, e ele será meu filho.
(Ap 21,6b-7)

A Psicologia é para mim algo bem familiar. Quando criança, sem saber que existia uma profissão que "ajudava" os outros a resolver seus problemas, colocava minhas bonequinhas deitadas num divã e ali imaginava um aconselhamento para ajudá-las a ser mais felizes...

Na adolescência tomei consciência de que a Psicologia era a profissão que mais possibilitaria que minhas brincadeiras de criança se tornassem reais, assegurando minha vocação e, mais do que isso, tendo sentido muito mais amplo, ao caminhar em direção ao bem do próximo.

Ao cursar Psicologia e também submetendo-me ao tratamento psicoterápico para elaboração de minhas próprias problemáticas, pude perceber o alcance da intervenção psicoterapêutica e, consequentemente, da Cura Interior.

Existem várias correntes psicológicas, todas seguindo a tradição de algum pesquisador, mas é claro que nenhuma dessas correntes representa uma única solução. Todas têm as suas particularidades, ou seja, a maneira exata de tratar e encontrar a solução.

Dentre os diferentes tipos de abordagem psicoterápica que conheci, muito me marcou a que chamamos de "Humanismo Existencial", criada pelo médico austríaco, Viktor Frankl. A experiência de fé e a presença de Deus no trabalho de Frankl marcaram profundamente minha vocação, enquanto psicóloga. A essa mesma experiência usada por ele, acrescentamos o carisma de nossa Comunidade Raízes de Jessé. Hoje, temos a alegria de perceber que tudo isso foi obra de Deus, *"admirável até aos nossos olhos"*, como nos afirma o versículo 14, no Salmo 140.

Aos poucos, fomos descobrindo que o nosso carisma é justamente este: "Devolver ao homem a originalidade de filho de Deus". Diante dessa sociedade tão marcada pelo consumismo, pela ganância e tantos outros dissabores à fé, queremos ser braseiros capazes de marcar o coração dos outros, devolvendo os traços do Amor de Deus àquelas pessoas nas quais a dor e o sofrimento têm deformado a linda imagem de Deus que cada um traz dentro de si.

Todos esses anos de ação profissional e de atividades pastorais me convenceram de que os servos que atuam com a Cura Interior necessitam, cada vez mais, estar ao lado do Senhor, aprendendo Dele a graça de servir e de ser instrumentos de salvação. E estar ao lado do Senhor é buscar também a formação adequada para que o ministério de Cura possa crescer e dar muitos frutos, como realçou Jesus na parábola das sementes.

É por esse mesmo motivo que apresentamos a Cura do Interior. Costumo dizer que ela é como o gesto de cavar uma cisterna ou poço, em busca de água pura. Aos poucos, vamos nos aprofundando, adentrando no universo de nossa vida, buscando a plenitude, a verdadeira alegria e a paz que residem no Amor infinito de Deus. Por isso, falar de Cura

Interior é testemunhar a linda obra do Amor de Deus em nossa vida e na vida do outro.

Geralmente, pensa-se que a Cura Interior existe somente para curar o coração dos sofrimentos do passado, vivenciados durante a vida da pessoa. É claro que sim, mas ela trabalha também o presente e o futuro. Essa é mais uma das descobertas que fizemos em nossa Clínica, na Comunidade Raízes de Jessé. Estamos atuando com a prevenção psicológica. E você pode estar se perguntando: Mas prevenir? Para quê? É fácil! Quando vamos para uma região onde há o perigo de contaminação de determinada enfermidade, nós não tomamos medidas preventivas? Daí o motivo de campanhas de vacinação como a da febre amarela, a da paralisia infantil, entre outras.

Prevenir psicologicamente também é isso! É garantir que o nosso coração e o das pessoas a quem amamos sejam inundados de bons sentimentos e de boas lembranças.

Nas páginas que irá ler a seguir, você encontrará sugestões e até mesmo dicas de conduta que, com certeza, serão de grande valia tanto para você individualmente quanto no trato com outras pessoas. São pequenos exercícios, mas que fazem diferença! Até mesmo na hora de chamar a atenção do outro, se eu souber fazê-lo, estarei ajudando-o em sua transformação enquanto pessoa humana, ao invés de estar semeando ódio e desamor.

Perceba que estamos, então, criando uma nova cultura. O que faço ou falo para o outro pode marcar profundamente sua vida. Acompanhe o relato de uma mãe que participou conosco de um seminário para gestantes: "Eu estava muito deprimida devido a muitas coisas que vinham acontecendo, entre elas, a que mais me preocupava era o problema de saúde de meu filho, que estava fazendo tratamento, mas não tinha melhoras. Cada dia eu andava mais triste, nervosa e irritada. Estava, aos poucos, me afastando de tudo e de todos, inclusive dos meus dois filhos. E nesse contexto acabei engravidando... Filho doente, situação financeira de mal a pior... Sem querer, comecei a rejeitar o bebê, pois achava que era muita irresponsabilidade minha ter engravidado em um momento tão difícil. Fiquei pior, pois com esse momento veio a sensação de culpa... Só chorava e dormia. Ao longo dos meses, começaram algumas dores em minha barriga, até achei que estava com alguma doença grave. Mas foi o médico quem me garantiu que não havia nada com a minha saúde física, mas sim em outra área: eu estava com depressão".

O relato que você acabou de ler tinha tudo para um triste final. O que seria dessa mãe, de seus filhos, de seu esposo e, é claro, da pequena criança em seu ventre? No caso acima, Deus preparou uma linda surpresa para aquela família. Essa senhora foi convidada a participar de um seminário na Comunidade Servos da Misericórdia, em Sete Lagoas, Minas Gerais. É uma obra irmã da Comunidade Raízes de Jessé, com carisma semelhante.

Lá, aquela senhora pôde conhecer toda a realidade acerca dos traumas, da hereditariedade e, é claro, da Cura Interior. As reuniões eram como que bálsamo para aquele coração deprimido. Disse: "Senti que saía das reuniões mais calma, mais tranquila. A partir daí, procurei não faltar às reuniões e senti que as coisas melhoravam bastante, tanto para mim, quanto para minha família e meu bebê, pois parecia que com minha agitação, ele também se agitava dentro de mim. Sinto que fomos curados, à medida que eu frequentava as reuniões e rezava bastante. Com as orações de Cura Interior, de perdão e tantas outras, foram desaparecendo em mim aqueles sintomas, como dores e angústia. Estava livre da depressão!"

Percebeu? A Cura do Interior foi a dose certa para aquele coração e teve consequências boas não somente na vida dessa senhora, mas também de toda a sua família. Sem contar para a criança, que em seu ventre poderia fazer uma outra leitura emocional do estado de sua mãe, não mais se sentindo rejeitada, culpada. O que aconteceu com essa senhora foi a prevenção psicológica. É claro que ela foi encaminhada, posteriormente, para o tratamento psicológico, onde descobriu mais e mais a presença do Amor de Deus em sua vida.

Posteriormente, disse: "Quando me foi falado do Amor de Deus, passei a dar mais importância a minha vida e à vida do bebê, pois aprendi que independentemente de eu ter evitado ou não a gravidez, eu estava carregando uma vida em meu ventre, que era a graça de Deus, conforme aprendi na Bíblia: 'Antes mesmo que você soubesse seu nome já estava escrito na palma de minha mão'. Vi, então, que ainda havia tempo de fazer com que meu filho se sentisse amado, querido por mim. Passei a amar meu bebê incondicionalmente, como amo os outros dois, e bem sei que hoje ele sente isso!".

São testemunhos assim que justificaram a criação de uma nova frente solidária na Comunidade Raízes de Jessé. Trata-se do projeto Vida Feliz. Por meio dele queremos levar a saúde psicológica a todas as pessoas. Pessoas sadias, vidas transformadas, corações realizados no Amor de Deus. Esse mesmo chamado nos levou a abrir uma clínica dentro de uma favela, em Belo Horizonte. Lá levamos a Cura Interior e a prevenção psicológica para cerca de 80 famílias marcadas pela violência da exclusão social. Os resultados você nem pode imaginar! Lidamos com crianças, jovens e adultos. É impressionante o resultado de uma ação eficaz no coração de filhos de prostitutas e traficantes... Muitos desses filhos estavam fadados a repetir a história de vida de seus pais. O Amor de Deus os tem levado a perdoar, a reconciliar e a buscar uma vida digna.

Isso é prevenir psicologicamente! Como dizia Santa Teresinha, são atitudes pequenas, humildes, mas, se feitas com Amor, são capazes de transformar o mundo!

I
O dom da vida

O mais sublime dom
que Deus pode nos dar
é a nossa própria vida,
presente de quem sabe amar.
A vida é o valor maior,
reflexo de Deus, que é fecundidade.
Fruto do mais perfeito amor,
eis "pra" nós o verdadeiro milagre.
A sua presença em nós nos une em
aliança, pois o Senhor nos traz
vida plena em abundância.

Inicio meu trabalho com esta música, de autoria do meu irmão Quincas. Ela resume, em poucas palavras, aquilo que tenho experimentado em minha vida e em meu trabalho. Quem ama gera vida. Somos gerados no amor e a conscientização disso leva-nos à cura... à transformação.

Era o ano de 1983. Eu tinha 13 anos. Era uma adolescente como tantas outras, cheia de sonhos, cheia de vida, cheia de conflitos próprios dessa idade. Tendo aceitado o convite para algumas tardes de reflexão, que chamaram de Seminário de Oração, após minha crisma, feita mais para cumprir formalidades, fui completamente conquistada por um novo amor.

Adolescência, período em que as emoções estão à flor da pele, quase se confundindo com ela. Na busca do amor, do primeiro amor, encontrei o verdadeiro amor.

Num domingo à tarde, uma jovem senhora falava sobre Jesus. A mensagem era simples: Jesus está vivo. Como num encantamento de primeiro amor, fui conquistada por Ele, senti algo inédito: Deus está vivo e me ama. Marco profundo em minha vida. Foi o primeiro degrau de uma escada que ainda não acabou.

Após essa experiência, cheia de amor, senti-me naturalmente impelida a distribuir um pouco desse amor que me fora dado.

Mil novecentos e oitenta e quatro. Na escola eu ficava muito tempo escutando o sofrimento de colegas, sem interromper nem dar conselhos precipitados, mas somente numa atitude de doar um pouco de atenção. Fazia isso naturalmente, sem me forçar. Logo as colegas foram dando suas opiniões: "Você é igual a uma psicóloga". E, "Raquel, você serve para ser psicóloga". "Psicóloga?" – Perguntei-me. "Mas, o que é isso?"

Tinha noções muito vagas sobre essa profissão, uma vez que nunca havia tido contato algum com psicólogos. Perguntei a minha mãe: "O que um psicólogo faz?" Respondeu-me: "Ajuda os outros, escuta, ajuda a resolver os problemas". Não tive dúvidas, aos 14 anos decidi: "Vou ser psicóloga".

Paralelamente à minha escolha profissional, aconteceu algo que até hoje está em minha vida, o desejo de que as pessoas conheçam a palavra de Deus. Assim, eu e mais alguns amigos fundamos o Grupo Jovem Raízes. Hoje, somos Comunidade Raízes de Jessé. Durante esses doze anos temos feito com que a palavra de Deus chegue às pessoas e ao coração delas.

Durante todo esse tempo servimos por meio de palestras, pregações para a RCC, evangelização de casa em casa, e em praças públicas, estúdio para gravações católicas, banda musical, oração para doentes e grupos de oração.

Em 1996, iniciamos o Núcleo de Formação Humana, uma Clínica de Psicoterapia, que tem por objetivo trabalhar o ser humano em suas três dimensões (bio, psico e noológica). Entendemos que, para se viver a experiência máxima do amor de Deus, é necessário elaborar, curar e libertar-se de questões que afligem o interior do homem. Já foram atendidos pela Equipe da Comunidade Raízes de Jessé mais de nove mil pacientes.

Por isso, minha experiência de ajuda àqueles que trazem algum sofrimento é anterior ao curso de psicologia. Porém, após passar pelo curso, algumas especializações na área e a própria vivência da Clínica, pude tornar essa ajuda mais sistemática e mais eficiente. Defino a psicologia como a ciência da ajuda. Para mim, uma grande ciência...

Foi por meio da ciência psicológica que se descobriu que o causador de muitos sintomas (problemas) é o Trauma Inconsciente. Para livrar-se do sintoma, é necessário vencer o trauma inscrito no inconsciente. O inconsciente é objeto da ciência psicológica. Ele foi amplamente explorado por Freud, por meio da psicanálise. Mais recentemente, a Terapia de Integração Pessoal, desenvolvida pela Dra. Renate Jost, explora bem mais essa instância do ser humano: o inconsciente. Por meio da Terapia de Integração Pessoal, fica claro que o trauma no inconsciente, em última instância, dá-se pela não vivência do amor. Toda vez que nos sentimos rejeitados, abandonados, traídos e humilhados podemos ser marcados por isso. Entretanto, o que nos leva a superar o trauma no inconsciente é a percepção, conscientização e vivência do amor.

Foi conhecendo o trabalho teórico do Dr. Viktor E. Frankl que ficou clara para mim a formação do ser humano. Ele é formado por três dimensões: a biológica, a psicológica e a noológica ou espiritual. Somos um somatório dessas três dimensões, as quais têm influência uma sobre a outra. Conhecendo-as e sabendo trabalhar com elas, atingimos um maior equilíbrio.

Iniciei meu trabalho psicoterápico com crianças. Geralmente, chegam ao consultório trazidas só pelas mães. As queixas são diversas: inapetência, falta de limites, problemas de aprendizagem e, até mesmo, doenças físicas.

Não importa, na verdade, o sintoma. O que importa é a superação das dificuldades, por meio da RMS. A partir de perguntas simples como: "o que você acha do papai?", ela revela seu "machucado" inconsciente. Não esconde nada, não tem vergonha de dizer sua verdade. É que o pai não a ama. A vivência lúdica, aliada a questionamentos básicos feitos pelo terapeuta, leva a criança a conseguir vivenciar o amor dos pais, apesar das dificuldades deles. Vivenciando o amor, torna-se sem sentido o sintoma. Ela abre mão dele. Aceita a cura.

Exemplificando: é preciso que a criança entenda que, se o pai sai para trabalhar, é para que sua família tenha melhores condições de vida. Isso é uma atitude de amor. Torna-se necessário então o pai passar a comunicar: "Papai vai trabalhar para ter dinheiro para comprar coisas para você também. Então papai trabalha porque ama". A criança, com certeza, verá a ausência do pai em casa com outros olhos.

Foi também trabalhando com crianças que pude vivenciar o que a Logoterapia e Análise Existencial postula por intermédio do Dr. Viktor Frankl: "o ser humano, em sua essência, é espiritual". Pude confirmar também o que a

Terapia de Integração Pessoal postula: "o momento em que se inicia a espiritualidade no homem é o momento da concepção". Este trabalho é para você conhecer melhor como somos formados, como funcionamos e como, com essa conscientização, superamos nossos problemas. Para quê? Para vivermos a felicidade, porque essa é a vontade de Deus para nós.

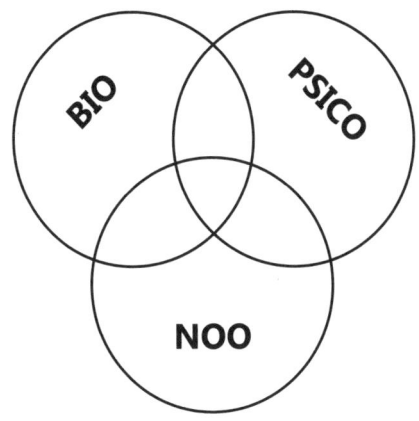

O ser humano é formado por três dimensões: Biológica, psicológica e noológica. Essas dimensões interagem e se influenciam.

II
Testemunhando mudanças e descobertas

Conhecereis a verdade e a verdade vos libertará.

(Jo 8,32)

Desde que tive o primeiro contato com o amor de Deus, por meio de seu Filho Jesus, em 1983, comecei a ter um relacionamento íntimo com Ele. Colocava e verbalizava para Ele todos os problemas que me angustiavam...

Em 1986, ainda no auge da adolescência, vivia a crise da maioria dos adolescentes: "Sou adulta, sou criança? O que sou?"

As consequências dessa crise eram palpáveis: dificuldades em respeitar os limites impostos pela minha mãe, que ainda me via como criança; raiva que sentia por ela; culpa por burlar algumas leis familiares; choques; discussões...

Acreditando que as coisas poderiam ser diferentes, busquei a intervenção de Deus, por meio de uma Oração de Cura Interior. Não sabia o que exatamente acontecia dentro de mim, mas tinha convicção de que era preciso mudar alguma coisa no meu interior.

Busquei, então, a ajuda de um amigo que fazia oração para as pessoas. Ele colocou as mãos sobre minha cabeça e começou a orar.

O pedido era claro: apesar de adolescente, quero relacionar-me bem com minha mãe, aceitá-la e sentir que ela me aceita. Não quero ter mágoa dela e nem sentir culpa por, muitas vezes, não fazer as coisas que ela espera de mim.

Bem, voltemos à oração. Ele rezou. Eu, sem saber como, revivi em minha mente meu nascimento. Vi que nascia, escutei a voz de minha mãe dizendo: "Ela poderia nunca crescer". Não sei se ela falou ou pensou, sei que isso me afetou e senti que "eu não poderia crescer".

Nesse momento entendi que o problema de minha mãe não era comigo, mas de lidar com o crescimento dos filhos, principalmente da única filha. Senti-me também impelida emocionalmente a não crescer, para não frustrar as expectativas dela. Se eu continuasse pequena, talvez tivesse mais seu amor, sua atenção. Porém, o crescimento era inevitável e a adolescência era a comprovação do fato de que a criança já estava indo embora. Por isso, vivia os choques com minha mãe, sentia mágoa dela e me culpava por isso.

Tendo revivido o momento de meu nascimento, entendi minha mãe, seus medos, perdoei-lhe e me perdoei também. Era o início de um ótimo relacionamento entre filha e mãe.

Com essa experiência de Oração de Cura Interior, ficou bem claro para mim que, nos momentos críticos de nossa vida, existe um pensamento ou uma palavra que nos marca mais e determina alguns de nossos comportamentos.

Os anos se passaram. Em 1988, iniciei o Curso de Psicologia na UFMG e ali fui tendo contato com a teoria psicológica. Conheci o inconsciente. Estudei Freud, Jung, Lacan, Carl Rogers, Maslow, Fritz Perls, Viktor Frankl. No sétimo período tive conhecimento, por intermédio de uma psicóloga, da Terapia de Integração Pessoal, elaborada por Renate Jost de Morais.

Foi lendo a obra da Dra. Renate que entendi melhor a experiência que tive na cura interior, em que revivi meu nascimento. A Terapia de Integração Pessoal permite, por meio de um processo chamado Abordagem Direta do Inconsciente, chegar ao inconsciente mesmo com a pessoa consciente. Essa abordagem terapêutica explora, de forma vasta, o inconsciente, verificando que diante de momentos de desamor entre pais ou dos pais para com a criança, ela assume posturas de acordo com seu entendimento do fato. Essas posturas se codificam em seu inconsciente, na forma de registros, que são feitos desde a fase do útero materno e se multiplicam em sintomas, vida afora. Assim, entendi que no momento de meu nascimento fez-se o registro: "Eu não posso crescer".

Tendo conhecido a obra teórica da Terapia de Integração Pessoal, em 1991, submeti-me ao seu processo terapêutico, visando a mudança de alguns comportamentos e conceitos que eu sentia sobre a vida e que me prejudicavam. Em minha terapia, pude então revivenciar o momento de minha concepção.

Em 1990, participei de um encontro da Renovação Carismática Católica em Araxá.

Lá escutei, pela primeira vez, um médico falar sobre a concepção e a concorrência que ocorre para que possamos nascer. Ele falava que cada célula expelida pelo pai (espermatozoide) dá origem a uma pessoa diferente. Então, quando fomos concebidos, poderiam ter nascido cerca de 300 milhões de pessoas diferentes, porque nosso pai expele a cada vez essa quantidade aproximada de espermatozoides. Dizia o médico: "Deus o escolheu, você foi escolhido a dedo". Essa verdade penetrou em meu coração como uma flecha e, graças a Deus, por meio de minha terapia, pude vislumbrar minha concepção. A escolha de Deus se expressava sob forma de uma luz branca, que marcava o espermatozoide de meu pai que iria penetrar no óvulo de minha mãe. Porém, eu não fui a única a vivenciar Deus na concepção. Todos que se submetem a esse tipo de terapia percebem a marca divina no primeiro momento da vida. Grande descoberta da Terapia de Integração Pessoal!

Iniciei meu trabalho como psicóloga, logo que me formei, em 1992, com 22 anos. Comecei com crianças e adolescentes. Já sabendo que o que marca negativamente cada um de nós é uma vivência interpretada como desamor, usava com meus pacientes, primeiro, técnicas terapêuticas de liberação de sentimentos negativos da Gestalt Terapia, depois o lúdico da Humanista e, em alguns casos, a revivência de momentos bons da vida da pessoa, a que chamo de amorização emocional.

Fui procurada por uma mãe para atender uma menina que se encontrava em estado grave, com doença pulmonar, correndo risco de vida. Usei a técnica da positivação, porque ela faz com que a pessoa se conscientize mais rapidamente da verdade do amor.

Foi com essa menina que, definitivamente, convenci-me da verdade da concepção, de que somos escolhidos para a vida.

Vamos aprender com Gabriela[1]...

---

[1] Todos os nomes citados são fictícios, preservando-se o sigilo terapêutico.

III
Aprendendo com Gabriela

Trouxeram-lhe também criancinhas, para que Ele as tocasse. Vendo isso, os discípulos repreendiam-nas. Jesus, porém, chamou-as e disse: Deixai vir a mim as criancinhas e não as impeçais, porque o reino de Deus é daqueles que se parecem com elas.
(Lc 18,15s.)

Logo no início de meu trabalho como psicóloga, foi-me encaminhada uma menina de 10 anos. Gabriela era uma criança bonita, com vida comum: estudava, brincava, tinha uma família. Era criada pelos avós maternos, a quem considerava como pais. Tudo ia correndo bem até que Gabriela começou a ter alguns problemas respiratórios. O problema ia complicando-se e se tornando grave. Em poucos meses sofreu muitas internações, duas no CTI (Centro de Terapia Intensiva), em estado de coma. Depois de uma história de vários tratamentos médicos, chegou ao meu consultório. Colhi alguns dados básicos com os pais adotivos. Sua história: a mãe a teve quando solteira, ainda muito jovem. Como tinha sérios problemas emocionais, sentiu-se incapaz de criar a filha e a deu para seus pais. Essa criança, criada pelos avós maternos, não conviveu com a mãe natural, apenas recebendo sua visita de vez em quando. O pai também, apesar de não ter vínculo nenhum com a mãe da criança, vinha visitá-la periodicamente. Os avós, com medo de perder a neta que criavam como filha, sempre a colocavam contra os pais. Gabriela tinha comportamento egoísta, ninguém podia tocar em suas coisas, não emprestava nada do que era seu.

Pela gravidade do caso, Gabriela chegou muito cansada à primeira sessão. Suprimi os passos básicos de psicodiagnósticos e alguns procedimentos psicoterápicos e fui logo explicando a ela o que é um psicólogo.

Disse-lhe que psicólogo é a pessoa que cuida dos machucados do "coração". Que existem coisas em nossa vida que nos aborrecem e que ficam guardadas em nosso "coração". Um dia aparecem na forma de doença, de tristeza, de problema. O que o psicólogo faz é ajudar as pessoas a descobrirem o que as machuca, para que possam tratar essa ferida. Assim, a tristeza, a doença, os problemas desaparecem. Gabriela me escutou e disse: "Faço qualquer coisa, menos falar na minha mãe". Logo de cara revelou seu "machucado" inconsciente. "Ela não gosta de mim, me abandonou", disse Gabriela. Perguntei a ela se acreditava em Deus. Ela respondeu-me com outra pergunta: "Quem é Deus, aquele que fica pendurado na cruz?" Disse-lhe que sim. Perguntei-lhe: "O que você acha dele?" Rapidamente, respondeu-me: "Ele é muito ruim, porque está me deixando ficar doente".

Gabriela e sua família não tinham o costume de vivenciar nenhuma prática religiosa. Quando Gabriela foi submetida à Revivência de Momentos Significativos (RMS), pedi que descrevesse os melhores momentos de sua vida. Fui completamente surpreendida por seus relatos: "Vejo um homem de túnica branca. É um padre. É meu batismo. Ele joga água em minha cabeça". Perguntei-lhe: "Mas por que isso é bom para você?" Respondeu-me: "No momento em que ele joga água, vem uma luz, atinge minha cabeça e escuto: 'Gabriela, eu a criei, para que você viva!'" Perguntei-lhe: "De onde vem essa luz?". "Da caixa dourada!" "Quem te criou?" "Foi Deus", respondeu-me. Nesse momento ela se surpreende e me pergunta: "Raquel, quer dizer que Deus não quer que eu fique doente?"

Racionalmente, pensa que Deus é mau, porém o inconsciente lhe revela a verdade: "Eu te criei para que viva".

Para que possam entender melhor, RMS é o processo psíquico terapêutico pelo qual a pessoa percebe e revive momentos que foram significativos na formação de sua personalidade. Esse processo leva a pessoa a momentos tanto positivos quanto negativos, dependendo da condição da técnica usada pelo terapeuta.

Por meio da RMS, na mesma sessão, ela revive a concepção. "Vejo muitas cobrinhas que correm para uma bola, a luz aparece, ilumina uma cobrinha e entra na bola. Quando isso acontece, escuto: "Gabriela, eu te criei para que viva". Revive também o CTI. "A luz também está lá." Digo-lhe: "Para estar lá, alguma coisa acontece antes. Veja o que é". Respondeu-me: "Meu pai está lá fora. Ele reza: 'Meu Deus, não deixe minha filha morrer'". "O que acontece naquele momento?", pergunto. "A luz aparece e bate em minha cabeça. Eu acordo", responde. Gabriela estava em coma. A oração fervorosa e simples é atendida. Deus intervém e a tira do coma. Ninguém sabia disso até aquele momento em que conhecemos essas verdades. Gabriela vive o amor de Deus, ela se abre à cura.

A partir daí, nas outras sessões, descobre que a mãe natural a ama, apesar de tê-la doado. O pai também. Ela descobre: "Eles tinham problemas e me deram para meus avós, para que eu crescesse bem!" Ela perdoa a mãe, perdoa o pai. Ela se sente amada, desejada, fica curada, curada do coração, curada do corpo.

Depois disso, foi necessário trabalhar a reeducação dos hábitos dos pais adotivos, porque a cada vez que eles colocavam Gabriela contra seus pais verdadeiros, eles aumentavam seu "machucado" inconsciente, e mais ela perdia a vontade de viver. Eles faziam isso com medo de perdê-la, jamais imaginavam que a estavam prejudicando.

Assim ficou claro que o problema psicológico era o trauma do abandono do pai e da mãe. O problema espiritual ou noológico era a mágoa para com eles. Isso aflorou no físico: doença pulmonar grave. Como curar? Sentindo-se amada, desejada. Por quem? Pelos pais, por Deus. A verdade é que somos amados, desejados, se não pelos homens, somos por Deus. Você precisa sentir isso. Gabriela sentiu, mudou, ficou curada. Na sessão final de avaliação ela conta uma história:

"Era uma vez uma menina que não entendia as coisas do coração, por causa disso ficou doente. Até o dia em que encontrou uma doutora diferente, que a fez descobrir as coisas do coração. Então ela ficou boa. Hoje quer ajudar a todos que têm problemas".

Os pais confirmaram: "Ela está bem, deixou seu egoísmo, partilha suas coisas. A todos que chegam com problemas lá em casa ela quer ajudar. Ela diz: 'Não liga para essas coisas, o que importa é que no coração há amor, você é amado'".

Gabriela alcançou a cura física, alcançou a cura psicológica, alcançou a cura espiritual ou noológica.

As próximas páginas são para você que, como Gabriela, quer atingir a cura, a vida em abundância. É uma pequena partilha, que acredito vai ajudá-lo.

IV
Conhecendo o psicológico

O amor é a força mais potente que o mundo possui e, ao mesmo tempo, é a mais humilde que se possa imaginar.

(Gandhi)

O ser humano, até o surgimento da Logoterapia e Análise Existencial de Viktor Frankl, era visto como fruto de duas dimensões: a biológica e a psicológica. Por meio delas, ele inicia o estudo da terceira dimensão formadora do ser humano: a noológica ou noética. Essas três dimensões interagem e se influenciam.

Primeiramente, conheceremos como funciona o psicológico e como superar os problemas dessa dimensão do ser humano, que é tão fundamental.

a) Consciente e inconsciente

Você vê, sente, percebe, memoriza, aprende. Você faz isso com a parte consciente de seu psiquismo. Quando essa parte está trabalhando, você sabe o que vê, o que percebe, o que aprende. Mas existe outra parte de seu psiquismo da qual você não tem consciência: é o inconsciente.

Para você entender melhor, vou usar uma comparação: pense numa ilha. O psiquismo é análogo a ela. O consciente é a parte da ilha que está para fora do mar, todo mundo vê, todo mundo sabe que está lá. O inconsciente é a parte da ilha que está submersa, ninguém vê, mas está lá. Ele, como parte submersa da ilha, é grande e tem um enorme poder. O inconsciente faz parte de sua pessoa, é nele que estão gravadas todas as suas vivências, desde a concepção. Uma das funções do inconsciente assemelha-se à do gravador. Ele capta toda a realidade exterior. O gravador grava sons, o inconsciente grava sua vida, sua história. O inconsciente é também responsável pela hereditariedade psicológica, pois é dele que herdamos características de personalidades positivas e negativas de nossos antepassados (pais, avós, bisavós etc.).

É preciso ficar claro que o inconsciente não se encaixa na lógica do consciente. Portanto, não está sujeito ao tempo e ao espaço. As realidades existentes no nosso inconsciente são um eterno agora. É por isso que o trauma é revivenciado a todo momento, porque ele está presente no inconsciente. É por isso que certas pessoas mais sensíveis dizem prever o futuro, que é agora, tudo é um eterno agora.

Em nível psicológico, verificamos as contribuições de Freud e Jung. Para o primeiro, o inconsciente é um conjunto de processos dinâmicos, formados pela libido[1]. Esses processos dinâmicos ficam conhecidos quando afloram no consciente. Com Jung esse conceito é ampliado, por meio da descrição de seus aspectos coletivos. O inconsciente coletivo é formado por "arquétipos", características de nossos ancestrais.

O substrato orgânico que permite o funcionamento do psiquismo é o cérebro. O córtex cerebral, principalmente a região frontal

---

[1] **Libido:** energia postulada por Freud como substrato das transformações da pulsão sexual quanto ao objeto, quanto ao alvo e quanto à fonte de excitação sexual. **Em Jung**, a noção de libido alargou-se a ponto de designar "a energia psíquica", em geral, presente em tudo o que é "tendência para" *appetitus*.

do cérebro, é responsável pelos processos mentais conscientes. A região subcortical no sistema límbico é responsável pelos processos mentais inconscientes.

b) Consciente / inconsciente e funções cerebrais

É no cérebro que acontecem as funções psíquicas. Como já foi dito, existe um funcionamento consciente e outro inconsciente do psiquismo. Essas funções foram bem localizadas no cérebro pelos últimos estudos da Neurociência. Essa ciência nos aponta para as duas funções bem diferenciadas do cérebro, as quais influenciam no comportamento racional e emocional.

A área racional do cérebro é a fronte (região da testa). Essa parte começa a funcionar logo depois do nascimento, por meio dos estímulos que o bebê recebe: luz, barulhos, verbalizações e toques advindos dos cuidados. Na infância, recebendo estímulos da linguagem e da cultura, a criança é alfabetizada. Na adolescência, essa parte atinge o máximo da capacidade, estando pronta para analisar e deduzir, mesmo na ausência de dados concretos. Exemplo: Uma criança de 3 anos recebe a informação de que sua mãe viajou e que chegará daqui a 15 dias. Ela só entenderá racionalmente que mamãe não está ali e pode reagir emocionalmente com choro, por sentir que perdeu a mamãe.

Se essa mesma informação for dada a uma criança de 6 a 7 anos, ela entenderá mais racionalmente: mamãe não está aqui, mas vai voltar. Pode até usar um calendário para ter a ideia da quantidade de tempo que vai demorar para a volta da mãe. Ela pode reagir com choro por saudade, mas sabe que não perdeu a mãe.

Um adolescente, com essa mesma informação, nem precisará contar no calendário, pois já sabe concluir toda a realidade a partir da informação. Pode até se aborrecer com a ausência provisória da mãe, mas isso não impedirá que ele faça até planos durante esse tempo.

O "cérebro" racional está ligado às funções conscientes. Por meio dele você conhece o mundo.

A área emocional do cérebro é o sistema límbico, um pouco acima da base cerebral do centro. Essa parte começa a funcionar logo após a concepção (quando o espermatozoide fecunda o óvulo). As primeiras células do sistema nervoso ou cérebro a funcionar no zigoto (nossa primeira forma dentro do útero) têm funções emocionais. Em outras palavras, desde o primeiro momento de vida podemos sentir o mundo.

Você já sabe o que é o Inconsciente. Agora perceba que ele está ligado a essa parte do cérebro que sente o mundo. Gravamos o mundo que vem por intermédio de mamãe, papai, com os sentimentos e as sensações. Por isso, o feto, o bebê, a criança, mesmo antes de saber das coisas, podem senti-los. Devemos ter cuidado com o Sentir porque é a partir dele que vamos criando nossa personalidade. Se temos muitos sentimentos positivos no começo da vida, tornamo-nos pessoas sadias, mas se temos sentimentos negativos, tenderemos a ter uma personalidade um tanto quanto debilitada. É por meio desse sentir que registramos no inconsciente aquelas frases "traumáticas" que você já conhece. Tais como:

"A vida não presta." "Eu não mereço." "Ninguém me ama."

"Papai não me ama, por isso os homens não amam."

"Mamãe não me quer, por isso eu não confio nas mulheres."

O funcionamento do cérebro racional e o funcionamento do emocional são diferentes, mas complementares. É importante que você se conscientize de que tudo que você sente e pensa está dentro de seu cérebro.

O PSIQUISMO PODE SER COMPARADO A UMA ILHA!

CONSCIENTE / INCONSCIENTE

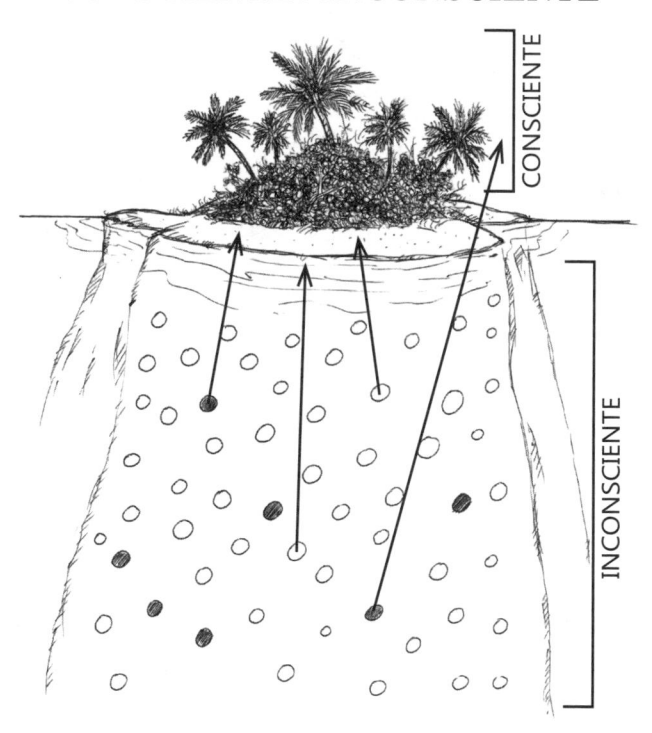

LEGENDA

- Trauma (Conceitos e Autoconceitos Negativos)
- ○ Conceitos e Autoconceitos Positivos

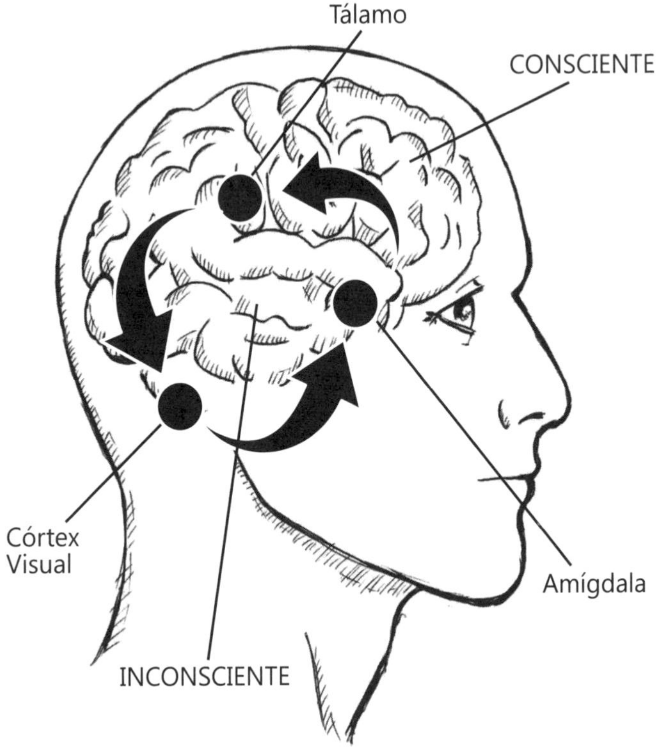
Tálamo
CONSCIENTE
Córtex
Visual
Amígdala
INCONSCIENTE

CONSCIENTE / INCONSCIENTE

O substrato orgânico que permite o funcionamento do psiquismo é o cérebro.

O córtex cerebral, principalmente a região frontal do cérebro, é responsável pelos processos mentais conscientes. A região subcortical no sistema límbico é responsável pelos processos mentais inconscientes. O sistema límbico é a primeira parte do cérebro a ser formada.

c) A formação do trauma no inconsciente

Seu primeiro momento de vida foi a concepção. Nessa hora, seu inconsciente já começou a funcionar. Você tem a sua história. Seus pais não passaram amor o tempo todo para você, mas também não passaram raiva, rancor e negatividade o tempo todo. Cada momento positivo que você viveu "plantou" uma semente boa dentro de você, em seu inconsciente. Assim também acontece em relação aos momentos negativos. Cada momento negativo que você viveu "plantou" uma semente ruim que ficou gravada no inconsciente. Para entender melhor, vou citar um exemplo: Você está no quarto mês de gestação, dentro do ventre de sua mãe. Seu pai é alcoólatra, por isso chega bêbado em casa e bate na sua mãe. Você sofre com esse acontecimento e seu inconsciente grava: "papai é ruim". Com isso, você vai viver uma vida inteira brigando com seu pai, às vezes nem suportando escutar sua voz. Você não consegue se relacionar bem com ele, mas não sabe exatamente o motivo.

Pode ser também que sua mãe, quando acaba de saber que está grávida de você, esteja com problemas. Então, ela pensa: "Não era hora dessa criança vir". Você grava isso no seu inconsciente e conclui: "Mamãe não me quer, eu não devo nascer".

Sementes positivas dão bons frutos, sementes negativas dão frutos ruins ou nem chegam a dar frutos. Em seu inconsciente estão vários conceitos e autoconceitos gravados. Os positivos produzem o que há de bom em você; os conceitos negativos produzem o que há de ruim, ou seja, o Sintoma. Esse é o problema que você tem: sua insônia, sua dor de cabeça, sua dificuldade em aprender, sua dificuldade sexual, sua depressão, sua angústia, a doença física, a úlcera, o câncer etc.

Pode ser que a semente "eu não devo nascer" brotou e deu origem a um câncer. "Quem não deve nascer, deve morrer."

Dentro de você existem também autoconceitos positivos: "eu sou capaz, eu sou importante, eu sou alegria". Isso brota e você vence seus obstáculos, ajuda o outro, perdoa, traz alegria para as pessoas.

É importante você entender que o trauma fica gravado no inconsciente e pode aflorar a qualquer momento, sob a forma de qualquer sintoma. Mesmo sendo o trauma de origem psicológica, as consequências dele podem ser biológicas, espirituais ou emocionais. Todo esse conhecimento detalhado do inconsciente é fruto da pesquisa feita por meio da Terapia de Integração Pessoal.

- Entenda por sintomas biológicos: doenças psicossomáticas, úlceras, alergias, câncer, anemias, dentre outros.
- Entenda por sintomas emocionais ou de comportamento: desvios de personalidade, vícios, bloqueios de aprendizagem, desvios sexuais, insegurança, instabilidade, hostilidade, negatividade, pessimismo, complexos de inferioridade, de feiúra, de falta de inteligência, medos exagerados, violência, irritação, dentre outros.
- Entenda por sintomas espirituais: frieza de fé, descrença, oração sem produtividade, opressão do mal, problemas morais, egocentrismo, autocentrismo, dentre outros.

É importante também que você saiba: se temos um trauma com nosso pai ou nossa mãe, tendemos a transferir para todos os homens ou todas as mulheres que convivem conosco aquele problema original que tivemos com eles. Exemplificando: se seu pai foi infiel, você tenderá a relacionar-se com os homens sempre desconfiando deles.

***

Os conceitos e autoconceitos positivos dão frutos bons, os conceitos e autoconceitos negativos dão frutos ruins, ou seja, o sintoma. Sintoma é uma tentativa de sentir-se amado, o que acaba por ser um comportamento autodestrutivo, pois a pessoa não sente o amor genuíno, como acontece com a criança que se autoagride e o adulto que se vicia. O comportamento autodestrutivo é um desejo inconsciente de morte.

d) Hereditariedade e a dimensão psicológica

Hereditariedade. Você já ouviu muito esse termo. Temos um ditado popular para ilustrar isso: "Filho de peixe, peixinho é". Toda a nossa herança hereditária é repassada pelo DNA, uma constituição que existe em cada célula do nosso ser. Assim sendo, estamos impregnados de heranças que não são só da aparência física, mas também do nosso jeito de ser: a personalidade.

A personalidade define nossa forma de agir ou atuar no mundo. Temos algumas formas negativas, por exemplo: frente a uma decepção podemos agredir o outro, embriagar--nos, fugir isolando-nos do mundo. Essas formas negativas nos prejudicam e aos outros também. Na verdade, muitas vezes, não gostaríamos de agir assim. Esses comportamentos podem ser de ordem hereditária. Como você pode perceber se seu problema é hereditário? Observando suas atitudes, sua forma de agir diante de situações difíceis. Procure saber se seu pai, mãe, avós, tios agem da mesma forma.

Um exemplo: uma mulher procurou nossa ajuda porque desconfiava de seu marido de forma absurda. Ela achava o tempo todo que ele lhe era infiel; no entanto, o marido não tinha nenhuma história de infidelidade. Pesquisando a história hereditária da paciente, percebe-se que mãe, avó e tias sentiram-se muito traídas pelos homens. Existia, portanto, um registro hereditário em seu inconsciente: "Os homens traem". Tornou-se então necessário libertá-la dessa força hereditária da história dos antepassados. A hereditariedade psicológica nos faz repetir pensamentos, sentimentos e atitudes traumáticas de nossos pais, avós, bisavós, tios e toda a linha hereditária.

Como você pode tratar seu problema hereditário? Depois de identificá-lo por meio da observação e decidir que não quer e nem precisa continuar com esses sintomas, você pode procurar um auxílio. De que modo? Por meio de Orações de Cura Interior, Libertação de Tendências Hereditárias, participar dos Sacramentos nas intenções de libertação dessas heranças e procurar uma ajuda de profissionais da área de saúde mental (psicólogos, psiquiatras etc.), de sua confiança.

e) Superando os problemas psicológicos

Para superar seu problema, seja ele psicológico ou não, é preciso muita determinação que se expressa numa atitude plena de mudança. Essa atitude passa por uma conscientização de que você merece uma vida nova, portanto, você não se contenta com a vida mais ou menos que você ou sua família têm levado. Essa determinação deve ser expressa numa pequena mas fundamental palavra: FÉ.

Aqui faço questão de lembrar a determinação, a fé daquela mulher que o evangelho nos relata: a mulher que sangrava há 12 anos (Mc 5,25-34). Perceba que essa mulher lutava há 12 anos com esse problema. Incansável, fura uma multidão para tocar na fonte da vida, da cura: Jesus. Achar alguém no meio de uma multidão é uma tarefa dificílima, porém, não impossível. Muitos foram os obstáculos para alcançar Jesus, a cura. Caiu, levantou, empurrou, pediu desculpas, continuou, caiu novamente, levantou, continuou, parou, pensou que não ia conseguir, mas... a fé foi mais forte. Continuou, caiu, foi levantada, achou. Encontrou Jesus, encontrou o amor, conseguiu a cura. Foi vitoriosa. Essa deve ser sua determinação de mudança, sua atitude, sua fé. Mudar não é uma tarefa fácil, porém, é fascinante e irrecusável.

O trauma inscrito no inconsciente instalou-se por uma vivência de desamor: abandono, rejeição, humilhação. Isso cria em nós uma necessidade de amor, aprovação, carinho. É aí que podemos cair numa grande armadilha feita por nós mesmos. Continuamos sustentando o sintoma para chamar a atenção sobre nós. Assim temos carinho, atenção, amor das pessoas. O garoto-problema da escola é sempre o mais lembrado, o filho doente é sempre o que recebe maior atenção. A formação do sintoma, o aparecimento dos problemas são sempre uma tentativa de obter amor. É por isso que ressalto a importância da determinação e da fé. O fenômeno da resistência à cura está presente no ser humano, porque é mais cômodo continuar assim, mais ou menos, porque só assim terá carinho, atenção, amor... A determinação, ou seja, a fé é o primeiro passo para superar o problema psicológico ou emocional.

O segundo passo é encarar o problema de frente, com uma atitude de sempre questionar. Perguntar é sempre o caminho. Perguntar para o pai, para a mãe, para o amado, o irmão, o amigo, para nós mesmos.

Se você assumir uma proposta de comunicação, verbalização, ainda que disposto a sentir a dor do momento, ficará livre da escravidão psicológica em que vive.

O sintoma ou problema decorrente do trauma inconsciente ocorre pela má interpretação dos atos, palavras ou pensamentos dos pais ou outros familiares significativos.

Por exemplo: um pai que abandona uma família, aparentemente é um pai que não ama, mas, ao conversar abertamente com o pai sobre sua atitude, o filho descobre que o pai tem um problema psicológico de baixa estima. "Eu sou um fracasso, se alguém depender de mim será também um fracassado", "se eu me afastar, meus filhos serão mais felizes". Isso ocorreu com um jovem que atendi certa ocasião. Impulsionado pelo trabalho terapêutico, procurou o pai para resolver esse grande problema que ele carregava: o abandono do pai.

A queixa do rapaz era a grande sensação de impotência diante do mundo. Não conseguia levar para a frente nenhum trabalho que começava. Passou por etapas em sua vida em que não fazia nenhuma ligação do fato do abandono do pai com seu comportamento. Depois começou a achar que seu comportamento tinha ligação com a atitude de abandono do pai. A partir daí, passou a condenar o pai, a odiá-lo. Procurou-me, então, para resolver a questão da qual se havia conscientizado: o abandono do pai a toda a família.

Qual não foi sua surpresa, quando descobriu a verdade do pai: o fracasso. E não o que ele pensava do pai: o que não ama, o desnaturado, o mau.

Para se chegar ao problema de baixa estima do pai foram necessárias muitas tentativas de conversas, uma vez que não estavam acostumados a isso, mas a determinação do jovem estava presente.

Esse jovem correu o risco de escutar do pai: "Abandonei vocês porque nunca os amei", mas isso não era a verdade. O pai não tinha consciência de que seu afastamento havia provocado muito mais males do que se tivesse continuado perto.

A verdade é sempre esta: o sentimento existe, o amor está lá no coração do pai, da mãe, do marido, da esposa, do filho, da filha, do avô, da avó, porém eles não conseguiram transmitir esse amor. Com certeza alguém nos ama.

O questionamento, a comunicação e a conversa nos ajudam a descobrir os tesouros. Tesouros do amor. Vivenciar o amor do pai, da mãe ou dos outros que são importantes para nós.

O que você sabe da história de vida de seu pai, de sua mãe, de seus avós, de seus bisavós? A comunicação clara dos fatos nos ajudam a atingir algo fundamental para a cura psíquica: a dissociação da pessoa do problema que ela carrega. Em outras palavras, dentro de nós mesmos, separar a pessoa de seus problemas; uma coisa é seu pai, outra coisa é seu pai carregado de problemas.

Perguntar, questionar sobre falsas "verdades" que você carrega, verdadeiras prisões psicológicas do tipo, "a vida não vale nada", "Deus não me escuta", "mulheres nascem para sofrer", "nada dá certo em minha vida". Pergunte-se: mas por que eu penso isso? De onde tiro essa certeza? Por que será que me foram passados esses conceitos? Por que eu os aceitei? De onde vêm esses conceitos? Do meu pai? De minha mãe? Avó? Avô? E por que eles têm esse tipo de conceito? Seguindo esta linha de perguntas você, com certeza, chegará à conclusão de que isso foi fruto de algum problema e que, na verdade, a vida tem sentido, você tem valor, seus pais, avós e tios têm problemas mas o amam. Encontrando o amor, você encontra a base de seu equilíbrio psicológico, sua reconquista da autoestima.

Tendo feito as perguntas e encontrado a verdade dos fatos, é preciso passar por um terceiro passo: a formação de novos hábitos.

Sabendo que o que traumatiza a pessoa é uma vivência de desamor, é necessário comunicar o nosso amor àqueles que dependem de nós e que convivem conosco. Aqui estou falando para pais, casais de namorados, noivos, pessoas que convivem em comunidade. Comunique sempre o amor que você sente.

A comunicação dos sentimentos previne a formação de sintomas ou o afloramento dos traumas. Chamo a atenção para aqueles que convivem com crianças e adolescentes, porque é nessa época que a nossa personalidade está em formação. Se promovermos um clima emocional sadio ao feto, ao bebê, à criança ou ao adolescente, estamos evitando a formação de problemas psicológicos comportamentais ou até mesmo psicossomáticos.

Comunicar o sentimento positivo e saber comunicar o sentimento negativo é o grande segredo para a saúde emocional.

Comunicar o sentimento positivo significa formar novamente seus hábitos e dizer:
- "Como você é importante para mim".
- "Como minha vida melhorou depois que você começou a fazer parte dela."
- "Que bom que você está perto de mim."
- "Eu te amo."
- "Que saudade!"
- "Você dá sentido à minha vida."
- "Eu admiro você."
- "Você é um sucesso".
- "Que delícia sua comida, como você é boa nisso."
- "Seu dever está lindo, como você é capaz!"

- "Você conseguiu, você é um vencedor."
- "Você é uma alegria."
- "Fiz pizza para você porque gosto de você e queria que você sentisse isso."
- "Como a casa está limpa, você é o máximo."
- "Você é bonito."
- "Com você perto, sinto mais segurança."
- "Você é um grande companheiro."
- "Você é amiga, uma grande amiga."
- "Você consegue, você é capaz."

Além de falar, abrace, beije, aperte a mão, sorria, entusiasme a pessoa, demonstre com seu corpo, seu rosto, o sentimento positivo.

O inconsciente é capaz de ser afetado por sentimentos positivos, mesmo estando a pessoa dormindo.

Embora para a medicina a pessoa em estado inconsciente é considerada um ser vegetativo, o Dr. Willian Standsh, médico, fez algumas observações em pacientes que eram operados e percebeu que, conforme o clima emocional da sala de cirurgia e a conversa dos profissionais, a recuperação do paciente, após sair da inconsciência, era diferenciada, acreditando que o inconsciente era capaz de ser afetado por conversa e por um clima emocional positivo.

Estimulou os pais de uma menina que estava em coma há 4 meses, depois de uma parada cardíaca, que transmitisse a ela sentimentos e pensamentos positivos e fizesse preces. Com essa mudança de atitude dos pais, a menina começou a sair do coma e se recuperar. Portanto, mesmo que a pessoa esteja adormecida, ela pode ser atingida por seu clima emocional positivo. Mas você precisa transmitir.

Comunicar o sentimento negativo significa formar novamente seus hábitos e dizer:

- "Essa atitude sua me aborreceu profundamente, estou com raiva".
- "Estou decepcionada com sua atitude, mas continuo gostando de você".

Comunicar o sentimento negativo não significa destruir o outro com adjetivos, tipo:

- "Você só me dá trabalho".
- "Você é uma decepção."
- "Você é um fracasso."
- "Você é um monstro."
- "Você é burro."

Isso não é comunicar sentimento negativo, isso é destruir o outro com a nossa palavra.

Se você usa esse tipo de vocabulário e busca o equilíbrio emocional de sua família, casamento ou comunidade, mude agora, porque você está no caminho errado, completamente errado.

É necessário expressar o nosso sentimento negativo porque ele pode, depois de longo tempo, ser causador de desequilíbrio emocional e estourar como uma bomba. Porém, é importantíssimo saber comunicá-los. Se você já usou essas palavras ou atitudes duras, desculpe-se e diga: "Eu falei assim porque estava com problemas e não porque não gosto mais de você!"

Se você está grávida e passa por problemas, diga: "Mamãe está triste, mas a tristeza não diminui meu amor por você". Passe a mão na barriga e sorria para seu pequeno bebê.

Resumidamente, vencer os problemas psicológicos significa: ter fé, conhecer suas verdades, sentir-se amado, amar.

f) Reconhecendo e assumindo a forma de transmitir amor

A má comunicação do amor entre as pessoas é algo muito comum e a consequência é a destruição dos relacionamentos, sejam eles quais forem: marido e mulher, pais e filhos, e, consequentemente, a destruição da saúde física, mental e espiritual.

Então, o que falta? O que fazer? Você deve buscar o equilíbrio das relações, cuja base é simplesmente o Amor. Às vezes, acontece de a gente amar muito uma pessoa e não se entender com ela, mesmo sentindo que ela o ama. Por que isso acontece?

O Dr. Gary Chapman (1997) explica que cada um tem sua própria linguagem de amor e a classificou em cinco tipos: palavras de afirmação, qualidade de tempo, receber presentes, formas de servir e toque físico.

Segundo Chapman, esse é o combustível necessário para encher o "tanque de Amor" que temos e nossa harmonia se dá quando um descobre a linguagem do outro.

O tanque a que o autor se refere é, na verdade, o nosso inconsciente que, repleto de sentimentos positivos (o amor em suas várias expressões: carinho, amizade, perdão etc.), propicia uma vida mais saudável para o ser humano.

Palavras de afirmação

"Mark Twain disse certa vez: um bom elogio pode me manter vivo durante dois meses" (Chapman, 1997:38). Frases do tipo: "Você ficou tão bem com essa roupa!" ou "Como você faz isso bem!" são importantes para muitas pessoas. Elas necessitam de elogios e sentem que essa é a melhor maneira de alguém expressar seu amor. Por isso, não adianta cobrar de seu filho, marido, mulher ou amigo alguma coisa, elogie e automaticamente eles farão mais do que aquilo que se espera.

Todavia, "o objetivo do amor não é fazer algo que desejo, mas fazer alguma coisa pelo bem-estar daquele a quem amo. No entanto, é fato que, quando recebemos elogios, dispomo-nos mais a retribuir gentilezas recebidas" (cap. 4, p. 40).

Lembre-se: amar é doação e não cobrança. Não se deve dar com intuito de receber. Isso não é amor e sim uma condição.

Qualidade de tempo

"Quando digo qualidade de tempo, desejo afirmar que você deve dedicar a alguém sua inteira atenção, sem dividi-la. Não adianta sentar no sofá e assistir televisão. Quando o tempo é gasto dessa forma, quem recebe a atenção são as estações de TV" (Chapman, 1997:55).

Além de ser uma forma de se passar algum tempo junto de seu filho, amigo etc., para muitos essa é a linguagem que mais toca o coração. O dia tem 24 horas para se fazer o que quiser. Você pode trabalhar, estudar, passear. Por que não dedicar pelo menos 20 minutos a quem você ama?

Se um filho chama a atenção dos pais ou um amigo chega, numa hora inesperada, com sérios problemas, desligue-se de tudo e dê total atenção a eles. Saber ouvi-los e partilhar de seu dia é algo essencial, assim você acaba por conhecê-los melhor e, consequentemente, seus "laços de amor" ficarão mais fortes, proporcionando uma comunicação espontânea do amor que um sente pelo outro. "O aspecto central da qualidade do tempo é estar próximo e tem a ver com o facilitar a atenção" (Chapman, 1997:59).

O tanque deve estar repleto de amor e esse tipo de linguagem é importantíssimo para a parte emocional, no que diz respeito a sentir-se amado.

Receber presentes

"De fato essa é uma das mais simples linguagens para se aprender" (Chapman, 1997:76).

Isso não quer dizer que esse tipo de pessoa é interesseira ou materialista. O fato de receber presentes não está centralizado no objeto dado e sim no sentir-se lembrado e, principalmente, amado.

Não adianta comprar presentes caros para a pessoa a quem você ama, se você estiver distante dela. Muitas vezes, levar uma pizza para a família, uma rosa para a esposa ou um doce para os filhos são atitudes mais significativas, pois expressam o verdadeiro sentimento que sente por eles. Isso renova a cada dia esse amor, mantendo sempre seus tanques cheios, onde a harmonia entre todos será o melhor presente a ser desfrutado.

Formas de servir

"Os pedidos direcionam o amor, mas cobranças impedem que ele seja liberado" (Chapman, 1997:95).

Fazer um jantar, lavar a roupa, ajudar nas tarefas escolares etc. são maneiras claras de se demonstrar amor, e muitos sentem que essa forma de expressão é a mais importante em relação a sentir-se amado. Porém, "formas de servir" não têm nada a ver com "ser escravo". O sentido real é a doação. É querer ajudar o outro, demonstrando tudo de bom que sente por ele. Quando esses atos se tornam humilhantes e desgastantes, existe um abuso de autoridade, uma escravidão, e o amor não escraviza, liberta. Logo, o que você faz espontaneamente a alguém afirma o sentimento positivo que se busca passar por meio dessa linguagem, a fim de preencher plenamente o coração de quem se ama.

Toque físico
"O toque físico pode iniciar ou terminar um relacionamento. Pode comunicar ódio ou amor" (Chapman, 1997:108).

Talvez seja a expressão mais comum no ato de amar. Um abraço, um beijo, carinho, aperto de mão etc. são formas de transmiti-lo, da mesma forma que um tapa comunica raiva e ódio.

Se essa for a primeira linguagem da pessoa que ama, nada melhor do que abraçá-la quando ela chorar. Segurar seu filho no colo ou andar abraçado com sua esposa ou marido, também faz parte desse tipo de comunicação. Não se deve ter vergonha de se aproximar fisicamente do outro, pois "o corpo existe para ser tocado" (Chapman, 1997:110-111). Porém, o toque não é apenas físico, é algo mais. Ele transmite todo sentimento que temos pelo outro. É íntimo, profundo e intenso, por isso, ele aconchega, acalma e afaga.

Descobrir a primeira linguagem de quem se ama é importante, mas deve-se primeiro descobrir a sua, pois dessa forma haverá uma troca e ambos poderão expressar amor mantendo sempre os tanques cheios.

Assim, o equilíbrio se fará presente porque nada abala um relacionamento onde a base é o amor, o respeito e, principalmente, o preocupar-se com a pessoa amada.

V
Conhecendo o noológico

Então, Pedro se aproximou dele e disse: "Senhor, quantas vezes devo perdoar o meu irmão, quando ele pecar contra mim? Até sete vezes?" Respondeu Jesus: "Não te digo até sete vezes, mas até setenta vezes sete".

(Mt 18,21s.)

A dimensão humana, ainda pouco explorada pela ciência, é chamada por Viktor Frankl de noológica ou noética, e a conhecemos como espiritualidade. É exatamente isto: o ser humano é corpo, é psiquismo, é espiritualidade.

Por meio da pesquisa da Terapia de Integração Pessoal da Dra. Renate Jost, descobriu-se que o início da dimensão espiritual se dá na concepção e é inaugurada em nós pelo próprio Deus. Como?

Vamos por partes. Se você é uma pessoa que acha que não merece nada, não entende por que nasceu, ouse penetrar comigo num caminho talvez desconhecido. Lembre-se de que "desconhecido" não quer dizer que não exista. Vamos falar de sua concepção, o momento em que inicia sua vida.

Concepção é o momento em que o espermatozoide (célula reprodutora que vem de seu pai) encontra-se com o óvulo (célula reprodutora de sua mãe). Nessa hora acontece algo curioso, de que talvez você não tenha conhecimento. A biologia nos esclarece que, no momento da concepção, sua mãe dispõe de apenas um óvulo, enquanto seu pai dispõe de cerca de 300 milhões de espermatozoides. Isso é uma quantidade que não dá nem para calcular. Nossa cabeça nem consegue pensar em tantas células.

Você sabe quantos espermatozoides foram necessários para que você fosse formado(a), quantos penetraram dentro do óvulo para iniciar sua vida? Só um espermatozoide de seu pai foi necessário para formar você. Os outros, cerca de 299 milhões, 999 mil, 999 espermatozoides morreram. Cada um deles tem informações diferentes e daria origem a uma outra pessoa diferente.

A corrida dos espermatozoides, logo que são expelidos pelo pai, é semelhante a uma maratona: dá-se o sinal de partida, muitos homens saem correndo ao mesmo tempo, mas só um pode chegar em primeiro lugar. Assim foi com você, comigo, com cada um de nós: para estarmos vivos hoje, concorremos com outros 299 milhões, 999 mil, 999 outras possíveis pessoas. Veja que é mais difícil você ter nascido do que ganhar na sena acumulada. Naquele instante da união de seus pais, do qual você se originou, poderiam ter nascido trezentos milhões de pessoas diferentes, mas nasceu você.

Pense. Se fossem só vinte células de seu pai, você teria concorrido com dezenove outras possíveis pessoas. Mas você concorreu com 299 milhões, 999 mil, 999. Se a celulazinha ao lado, aquela que estava mais próxima à sua, tivesse chegado em primeiro lugar, não seria você que teria nascido.

Por que, então, foi a sua célula que chegou primeiro? Por que foi você que foi gerado? Será que foi uma mera coincidência? Quem poderia ter impulsionado sua célula a chegar primeiro?

A Terapia de Integração Pessoal, por meio da abordagem direta do inconsciente, descobre que, no momento da concepção, existe uma realidade suprahumana, descrita pelos pacientes, na maioria das vezes como uma luz que marca o espermatozoide que vai fecundar o óvulo.

Trabalhando a RMS com crianças e adolescentes, pude conferir que a "LUZ" está presente na concepção, escolhendo-nos para a vida, como já foi descrito no caso de Gabriela. Mas a "LUZ" não atua só na concepção. Atua também ao longo de nossa vida.

Na busca de vencer os sintomas e atingir a cura das crianças e adolescentes que me procuravam, eu fazia por meio da RMS com que o inconsciente deles revelasse os momentos em que se sentiram mais amados. Qual não era a minha surpresa, quando elas mesmas traziam a concepção, o batismo, a eucaristia ou uma simples oração atendida. Curioso lembrar que nenhum deles tinha prática religiosa.

Muito me marcou um adolescente que me procurou porque tinha engravidado sua namorada, e ele, apesar de ser viciado em drogas, bissexual, violento, e ter um péssimo relacionamento com seus pais, disse-me: "Quero uma vida melhor para meu filho, quero mudar". Acolhi-o com muito amor. Estava em grande sofrimento. Como sempre faço com meus pacientes, perguntei-lhe: "Você crê em Deus?" Ele foi sincero: "Não, Ele e o diabo para mim são a mesma coisa".

Buscando no inconsciente os melhores momentos de sua vida, o primeiro foi descrito assim: "Vejo-me pequeno, um bebê. Estou sendo batizado". Questiono por que isso é um momento bom, peço que descreva tudo que vê. "Quando o padre joga água na minha testa, escuto uma voz: "Você é meu filho amado". "Quem fala?" pergunto, "é seu pai?" "Não, a voz vem do alto, a voz vem de Deus." Nesse momento ele vive o amor de Deus sem nunca ter acreditado. Outros momentos são citados, momentos do amor de Deus...

Cada um tem sua experiência própria do amor de Deus.

Por meio da RMS, uma menina vive o amor de Deus numa oração da mãe, no momento em que comunga. "Minha mãe pegou rubéola. Ela fica sabendo, corre para a igreja, chora e pede a Deus que me proteja. Ela comunga, uma luz me envolve nesse momento. A doença não chega até mim." A criança nasceu perfeita. Outras oito colegas da mãe pegaram rubéola, todos os fetos foram abortados. Só ela, a criança que a mãe havia pedido com fé a Jesus, não foi atingida pela doença. Ela, a criança, sente o amor da mãe, sente o amor de Deus. Quem impulsiona você para a vida é Deus, a origem da própria vida. Assim fica claro o que Deus nos comunica por meio do profeta Jeremias: *"Antes que no seio fosses formado, eu já te conhecia"* (Jr 1,5a). Essa é a experiência profunda do amor de Deus que marca um de nós para a vida. Em outras palavras, *antes de sermos realidade, fomos planejamento Divino.*

A experiência do amor, a experiência de ter sido desejado, planejado por Deus, já leva muitos pacientes a se curarem de vários males.

A dimensão espiritual se inicia na concepção e permanece, sendo muito importante. A ciência trabalha com ela porque, se na busca do amor, os pais, os esposos e os irmãos falham, o amor de Deus nunca falha. Devemos, além do psicológico, trabalhar o noológico, porque produz efeitos mais completos na pessoa. Além disso, existe uma estreita relação entre o psicológico e o noológico. A essência do noológico é boa, mas também pode ser atingida pelo negativo. Cada trauma inscrito no psicológico gera no noológico a mágoa, a culpa ou a revolta.

A mágoa é o rancor acumulado com alguém, a culpa é o rancor acumulado com você mesmo, a revolta é o desejo de vingar-se do outro, de si mesmo ou de Deus. Podemos visualizar a dimensão noológica ou noética além de uma luz, como uma nascente de água. Ou seja, o amor nasce no espírito, corre como um rio na região psicológica, equilibrando-a, e "deságua" no corpo, trazendo vida e saúde.

Como um rio, o amor pode encontrar desvios ou barreiras, advindos das dificuldades da gestação, da infância e da adolescência. Esses problemas bloqueiam a dimensão espiritual. Então é como se você tivesse uma nascente de água dentro de si. Ela está tão bloqueada pelas diversas faltas de perdão que você "tem sede". Sede de vida verdadeira, sede de Deus, sede de sentido da vida, sede de amor.

A voz de uma criança de dez anos ainda ressoa dentro de mim. Ela me dizia: "Raquel, meu pai destrói a minha vida (palavras da própria criança). Cada vez que ele me espanca, eu penso que Deus nem existe, porque se ele existisse isso não aconteceria comigo. E se Ele existe, não liga para mim. Acho que eu sou ruim". Financeiramente, não lhe faltava nada, porém ela se sentia destruída. A sorte é que ela e o pai tiveram oportunidade de se "trabalharem". Quantos males foram evitados! Nesse caso, a criança bloqueia a dimensão noológica, pois por meio do comportamento do pai ela descrê da bondade de Deus.

a) O sentido da vida

A vivência de Deus na concepção leva a pessoa a descobrir seu sentido da vida. Cada um tem o seu, ele vem de Deus e não significa ter posição social, poder ou dinheiro.

O sentido da vida significa: fazer algo em que eu me sinta pleno, feliz, realizado, de modo que eu possa contribuir para o bem comum.

Na vivência de Deus na concepção, a pessoa descobre seu sentido, sua missão. O sentido da vida pode desembocar numa escolha profissional.

b) Vencendo os problemas noológicos

Para vencer os problemas de mágoas, culpas ou revolta, não há outra técnica que não sejam a Oração e os Sacramentos. Aqui ressalto para você a importância das orações de libertação, cura interior, orações de perdão e a busca do Sacramentos da Confissão e da Eucaristia. Ressalto também que a determinação, ou seja, a fé, é de extrema importância, porque perdoar é muito difícil, mas é o caminho. Não é à toa que Jesus disse a Pedro, quando questionado por ele sobre quantas vezes deveria perdoar: "setenta vezes sete". O Mestre sabe de tudo, sabe que o perdão é a chave para a saúde emocional e espiritual.

E eu digo a vocês: perdoar não é humano, é divino. É por isso que só se consegue sob o poder da oração. Um dia uma pessoa muito querida me disse: "Raquel, perdoar é divino". Aquela verdade penetrou em meu coração como uma lança, palavra de sabedoria. E transmito para você esta verdade: perdoar não é fácil, mas é lindo, porque é Deus agindo em nós.

Você pode estar pensando: "mas eu não preciso perdoar a ninguém". Meu amigo, minha amiga, não se engane. A primeira coisa necessária, para que fiquemos curados, é admitir que estamos doentes. Pergunte-se: "eu tive alguma dificuldade com alguém? Eu questiono alguma coisa em minha vida? Questiono a Deus pela morte ou separação de alguém que eu amava? Eu me sinto culpado por coisas simples do dia a dia? Tenho raiva de meu filho, por não ser aquilo que eu esperava?" Questione sem medo. Faça sua oração, busque o sacramento com sinceridade e honestidade.

Deus aprecia e abençoa o coração sincero, honesto. E se você é assim, tenha certeza de que Deus já está fazendo coisas novas em sua vida.

VI
Conhecendo o biológico

Não sabeis que sois templo de Deus.

(1Cor 16a)

A dimensão biológica do homem é a mais perceptível. Porém, ela é uma parte do todo que somos nós. Não delongarei a respeito dessa dimensão, porque não é esse o objetivo deste livro. É preciso que fique bem claro que o organismo é, muitas vezes, o local onde os problemas psicológicos ou noológicos afloram. Ele, como faz parte do todo, deve ser bem tratado. Não podemos descuidar dele.

Se você precisa fazer dieta, tomar remédios periódicos, fazer exercícios físicos, não deixe de fazê-los. Você precisa cuidar bem dessa dimensão física.

- Alimente-se bem
- Durma bem
- Evite os excessos
- Vá ao médico periodicamente. Cuide-se.

É preciso que você compreenda também que tudo que sentimos e pensamos está inscrito, de forma química, em nosso corpo. Mesmo que seja psicológico, o amor, o ódio, a tristeza e a esperança são "traduzidos" para o corpo em forma de química. Esse é o objetivo das medicações psiquiátricas: dar um apoio à carência química decorrente de uma patologia mental. Tudo que é psicológico e espiritual atinge diretamente o corpo. É por isso que liberar seus traumas e rancores purifica seu corpo. Já sabemos do ditado: "mente sã, corpo são".

Um exemplo: de forma geral, as pessoas que sentem culpa (rancor e inaceitação de si mesmo) queixam-se de dores no alto das costas. A "química" da culpa é derramada com muita intensidade nessa região.

Finalizando

*O caminho não está feito.
Ele se faz ao andar...*

(Autor desconhecido)

O que espero, com este pequeno livro, é poder ajudar você a desbravar novos caminhos em direção de si mesmo e daqueles a quem você ama.

Espero que por meio da descoberta de suas verdades e, principalmente, da grande verdade: "Você é único, escolhido por Deus. Você é amado", você possa experimentar uma grande mudança em sua vida.

Lembro-lhe apenas uma coisa neste momento em que estou finalizando: existem sofrimentos que são frutos de problemas psicológicos, noológicos e nós podemos suprimi-los de nossa vida. Existem também sofrimentos que são imutáveis: a morte, o acidente, a fatalidade. O que fazer diante deles? Descobrir o sentido deles em nossa vida. Esse tipo de sofrimento não pode ser encarado como revolta, mas com maturidade. A Logoterapia e a Análise Existencial contribuem nesse sentido, quando postulam que "tudo tem sentido em nossa vida, basta estarmos dispostos a encontrá-lo, é preciso restabelecer a faculdade do sofrer do homem".

Aqui, lembro-me de uma adolescente que passou em minha vida. Estava grávida, vítima de um estupro. A partir de então, mudou de vida. Saiu da vida de prostituição e da droga. Suas palavras: "No começo revoltei-me, queria abortar, depois perguntei: o que posso aprender com isso? Hoje, falo que conheci a vida de verdade, deixei tudo de ruim que fazia".

Diante da atitude da adolescente, qual o sentido do sofrimento imutável em sua vida? Não tenha medo de descobri-lo.

Finalizando, deixo a você, caro leitor, meu carinho, minha alegria, meu amor e rogo pela bênção de Deus-Amor para você e sua família.

Bibliografia

FIORINI, Hector J. *Teoria e técnica de psicoterapia*. Rio de Janeiro: Francisco Alves, 1989.

FRANKL, Viktor E. *Psicoterapia e sentido da vida*. São Paulo: Quadrante, 1986.

GARY, Chapman. *As cinco linguagens do amor*. São Paulo: Mundo Cristão, 1997.

GOLEMAN, Daniel. *Inteligência emocional*. Rio de Janeiro: Objetiva, 1995.

MORAES, Gisela Renate Jost. *As chaves do inconsciente*. Rio de Janeiro: Agir, 1992.

REED, Willian Standish. *A cura do homem total.* Rio de Janeiro: Louva a Deus, 1986.

RUIZ, Blanca. *A cura da família.* São Paulo: Loyola, 1994.

XAUSA, Izar Aparecida de Moraes. *A psicologia do sentido da vida.* Petrópolis: Vozes, 1988.

Este livro foi composto com as famílias tipográficas Century Schoolbook e Segoe e impresso em papel Offset 75g/m² pela **Gráfica Santuário.**